AF562979

SOCIÉTÉ D'AGRICULTURE, SCIENCES ET ARTS.

ÉLOGE HISTORIQUE DE R.-P. LESSON.

SOCIÉTÉ D'AGRICULTURE DE ROCHEFORT.

ÉLOGE HISTORIQUE

DE

R.-P. LESSON,

PREMIER PHARMACIEN EN CHEF DE LA MARINE, PROFESSEUR DE CHIMIE ET DE PHYSIQUE MÉDICALE AU PORT DE ROCHEFORT, OFFICIER DE LA LÉGION-D'HONNEUR, MEMBRE CORRESPONDANT DE L'INSTITUT, ETC., ETC.,

PAR

M. A. LEFÈVRE,
Deuxième Médecin en chef de la Marine,

Lu à la Société d'Agriculture, Sciences et Belles-Lettres de Rochefort, le 13 décembre 1849.

ROCHEFORT,
Imprimerie de Henry LOUSTAU, rue Audry-de-Puyravault, 33.

1850.

MESSIEURS,

En arrêtant qu'un hommage public serait rendu à la mémoire de ceux de vos collégues que la mort vous ravirait, vous avez voulu consacrer un usage adopté par presque toutes les sociétés savantes. Les témoignages donnés au souvenir de ceux qui ont fait des lettres, des sciences ou des arts, l'objet de leurs constantes occupations, honorent à la fois les compagnies qui les provoquent, en les obligeant à n'appeler dans leur sein que des hommes de mérite, et ceux qui en sont l'objet, car en glorifiant leurs travaux, on acquitte envers eux une dette de cœur, en même temps qu'on excite l'émulation de leurs successeurs.

C'est pour atteindre ce double but que vous m'avez chargé, peu de temps après la mort à jamais regrettable de notre confrère LESSON, de vous rappeler ses titres à la reconnaissance d'une société dont il a été pendant près de trente ans un des membres les plus laborieux et les plus assidus. Excusez, Messieurs, le retard que j'ai mis à accomplir cette noble tâche, mais les devoirs que m'imposait l'enseignement dont je suis chargé et ceux plus pénibles qui sont venus s'y ajouter pendant les tristes jours que nous avons traversés, m'ont empêché d'obéir plus tôt à votre décision.

Réné-Primevère LESSON est né dans notre ville, le 20 mars 1794, de parents peu fortunés : son père occupait un modeste emploi dans les bureaux de la marine. Comprenant les avantages de l'instruction, il s'imposa de dures privations pour élever son fils ; le succès couronna ses efforts et il a pu jouir long-temps de la position que ce fils avait su conquérir et qui l'éleva rapidement au premier grade de la profession qu'il avait embrassée.

Doué d'une imagination vive, d'une mémoire prodigieuse, dévoré du besoin d'apprendre, notre collégue triompha successivement des difficultés qui surgissaient devant lui à chaque pas qu'il tentait vers un avenir meilleur.

Après avoir terminé, au collége de Rochefort, les études imparfaites qu'on y faisait alors, voulant embrasser la carrière de la médecine navale, il se fit admettre au nombre des étudiants de notre école, le 29 septembre 1809.

A cette époque mémorable de l'histoire de notre patrie où le génie du maître qui la gouvernait projetait sur le monde l'éclat de ses rayons, les services militaires attiraient à eux tous les jeunes gens ayant quelque aptitude. Lesson ne tarda pas à se faire remarquer de ses chefs, et deux ans étaient à peine écoulés qu'il servait sur la flotte impériale en qualité de chirurgien auxiliaire de 3e classe. Embarqué d'abord sur la frégate la *Saal* où il remplit les fonctions de 2e chirurgien, il passa ensuite sur le vaisseau le *Régulus* sur lequel il resta jusqu'au 5 avril 1814, jour néfaste où, après une lutte glorieuse, l'équipage de ce vaisseau fut obligé de le brûler pour qu'il ne tombât point au pouvoir des Anglais.

La chûte de l'Empire, arrivée à cette époque, mit fin aux rêves brillants dont se berçaient une foule de jeunes sujets, en rompant brusquement leur avenir. Le passage de l'état de guerre à l'état de paix ayant nécessité des réductions dans tous les services, les auxiliaires furent licenciés et LESSON vint de nouveau s'asseoir sur les bancs de l'école où son goût pour les sciences naturelles et en particulier pour la botanique se prononça de plus en plus. Cette sorte de vocation lui valut la faveur d'être appelé, au mois de novembre de cette année, à la place de jardinier-botaniste provisoire, sous la direction de M. Bobe-Moreau, 1er pharmacien en chef, chargé alors de l'enseignement de la botanique. C'était un moyen de venir en aide à une famille peu fortunée et de maintenir un élève laborieux en état de suivre la carrière qu'il avait embrassée : le conseil de santé l'avait saisi avec empressement.

Deux années s'écoulèrent ainsi. Les évènements de 1815 n'avaient pas peu contribué à diminuer les chances d'avancement, l'âge marchait ; désespérant d'arriver jamais au grade d'officier de santé entretenu, Lesson se fit recevoir officier de santé civil par le jury médical du département de la Charente-Inférieure. Son intention était d'abandonner la marine et de se contenter de l'avenir modeste que pouvait lui promettre l'exercice de la médecine dans une petite localité : il était sur le point de mettre ce projet à exécution, lorsqu'un ordre du ministre prescrivit d'ouvrir un concours pour quatre places de pharmacien de 3e classe, au port de Rochefort. Quoique n'ayant jamais pensé à appartenir à cette branche du service, Lesson se présenta et eut la gloire d'être nommé le premier ; mais les services qu'il avait déjà rendus au jardin botanique, l'entente qu'il avait acquise dans la direction des cultures et dans le classement des végétaux, firent penser à le proposer pour la place de jardinier-botaniste titulaire qui était toujours vacante, et qui élevait alors celui qui en était pourvu à la solde et au rang d'officier de santé de 2e classe. Cette proposition fut acceptée.

Il occupa cet emploi jusqu'au 19 mai 1821, jour où il rentra au service spécial de la pharmacie avec le grade de deuxième classe. Il avait justifié, en 1820, dans un concours d'aptitude, subi en présence de l'inspecteur général du service Keraudren, de ses connaissances et de ses droits à cet avancement; le ministre de la marine lui en avait témoigné sa satisfaction par un don de livres à son choix, faveur exceptionnelle et dont aucun officier de santé jusque là n'avait été l'objet.

Pendant son séjour au jardin botanique, LESSON, heureux d'être placé au milieu de ses sujets favoris d'étude, s'était occupé des végétaux rares et curieux qu'on y cultivait; il y commença des recherches intéressantes sur les plantes filamenteuses en général, et sur le *phormium-tenax* en particulier, s'occupa de l'étude botanique médicale et agronomique du café : ce végétal lui offrait d'autant plus d'intérêt qu'il croyait que c'était dans les serres de ce même jardin, fondé en 1740, et confié à ses soins, que les pieds de café, remis en 1720, au chevalier Desclieux, avaient été déposés avant d'être embarqués et avant d'immortaliser le nom de ce navigateur; il y jeta encore les bases d'une *Flore Rochefortine*, en formant un herbier des plantes de nos environs, et en dessinant celles dont les caractères étaient trop fragiles pour être conservés. Son goût pour les collections s'était révélé dès l'enfance : à l'âge de 12 ans, il avait réuni des échantillons de tous nos bois indigènes, et les avait étiquetés des noms vulgaires que leur donnent les gens de la campagne. Fort jeune encore, il s'était exercé à la préparation des animaux; à 20 ans, il rédigeait un *manuel de Taxidermie*, qui a été inséré, en 1828, dans le dictionnaire d'histoire naturelle de Levraut; son adresse dans cet art était des plus remarquables, et le Musée de notre école possède encore quelques oiseaux indigènes qui ont été préparés par LESSON.

Chargé en 1820 de la conservation d'un cabinet d'histoire naturelle, il s'empressait de rendre publics les noms de ceux qui voulaient bien concourir à son accroissement; il ajoutait à ces publications des notices sur les objets nouvellement déposés, et des renseignements sur leur utilité: les annales maritimes de 1817, 1818, 1819, 1820 et 1821, contiennent de nombreux articles dus à la plume facile de notre collégue qui effleurait alors des sujets que plus tard il devait approfondir.

Cette ardeur pour le travail, cet entraînement vers les sciences d'observation, ce vif désir d'en agrandir le cercle ne pouvaient rester ignorés de la Société des Sciences, Arts et Belles-Lettres de Rochefort. Toujours jalouse d'appeler à concourir à ses travaux les hommes d'avenir, elle fit fléchir la lettre de son réglement, et admit Lesson, malgré son âge, avec le titre de membre résident, le 10 juillet 1820, faveur spéciale qu'elle n'avait accordée qu'une seule fois, au poëte Ancelot dont elle prévoyait la gloire et la célébrité, et dont elle voulait encourager le mérite encore ignoré.

Les premières communications de Lesson furent: 1° Un mémoire sur la possibilité de cultiver le *phormium-tenax* dans quelques endroits des dunes de Fouras, de l'Ile-d'Aix, de l'Ile-d'Oleron : les expériences dont il rendait compte lui faisaient espérer de bons résultats de cette nouvelle culture; 2° un travail sur les moyens de corriger l'insalubrité de l'air de nos environs, en multipliant les plantations de *tamarix* dans toute l'étendue des marais alors infects et inhospitaliers de Brouage et lieux adjacens; 3° un mémoire sur le tatouage et sur les cosmétiques usités par les peuples sauvages, et même par les Européens; en décrivant les procédés nombreux à l'aide desquels, sur presque tous les points du globe, l'homme est porté par une sorte de vanité puérile à recouvrir sa peau d'emblêmes grotesques ou ridicules, d'ornements singuliers, il cherchait, au point de vue de la morale et des idées religieuses, à se rendre compte des causes qui produisent cet usage presque général et à en apprécier les conséquences au point de vue de la santé; 4° des notices sur les dolmens de Charras et sur le tombeau du Comte de Comminges, seigneur de Saint-Fort, près St-Jean-d'Angle, tué au siége de Pignerol, en Piémont, en 1630, qui prouvèrent qu'il savait reproduire avec sentiment les impressions que faisait naître en lui la vue des monuments historiques.

Ces débuts académiques montrent la voie dans laquelle allait s'engager notre confrère. Il l'a suivie pendant près de trente années avec une noble persévérance, partageant ses travaux entre l'étude des merveilles de la nature, l'examen de questions se rattachant à l'assainissement et à la prospérité de notre contrée et l'histoire des monuments qu'on y rencontre. Tous les ouvrages qu'il a publiés pourraient être classés sous ces quatre chefs principaux.

Le moment arriva où l'inspecteur général du service de santé, juste appréciateur du mérite de LESSON, put réaliser la promesse qu'il lui avait faite, en 1820, de l'attacher à une expédition de découvertes. Le 19 avril 1822, LESSON fut appelé à Paris pour y recevoir les instructions de l'Académie des Sciences et des professeurs du Museum, et suivre la destination nouvelle que lui donnait le ministre de la marine, d'aller à Toulon embarquer comme naturaliste et second chirurgien sur la corvette la *Coquille,* destinée à faire un voyage de circumnavigation, sous le commandement du capitaine Duperrey.

A cette époque où les terres Océaniennes n'étaient pas devenues terres Françaises, où la vapeur, comme un puissant trait d'union, ne joignait pas encore les points les plus éloignés du globe, un semblable voyage ne s'offrait à l'esprit qu'hérissé de difficultés extrêmes : les chances périlleuses qu'on allait courir, les privations qu'on devait s'imposer, le souvenir des catastrophes épouvantables qui avaient arrêté brusquement quelques uns des plus hardis navigateurs, tout devait concourir à tempérer l'ardeur dont était dévoré notre jeune confrère; mais le besoin de sensations fortes et nouvelles qui tourmentait son existence, cette soif de voyages qui le dévorait depuis tant d'années lui firent saluer, comme un des beaux jours de sa vie, celui où un vent favorable enflant les voiles de la *Coquille,* il vit disparaître au loin les côtes de la Provence.

Je ne le suivrai pas dans cette longue périgrination qui dura près de trois années, lui fit visiter successivement Téneriffe, l'île Sainte-Catherine, la côte du Brésil, les îles Malouines, la côte occidentale des deux Amériques, Taïti, les îles de la Société, la nouvelle Irlande, l'île d'Yorck, la Papuasie, les Moluques, la nouvelle Hollande, la nouvelle Zélande, les îles Mulgraves, l'île d'Oualan, la nouvelle Guinée, Bourbon, l'île de France, Sainte-Hélène, et l'Ascension, et lui offrit chaque jour de quoi satisfaire sa passion pour l'étude, par le nombre et la variété des objets qui se présentèrent à son observation.

De retour à Toulon au mois d'avril 1825, LESSON qui, par la maladie et le débarquement du chirurgien-major, était resté seul chargé du service médical de la corvette, et de la conservation des collections, fut appelé à Paris; il y soumit à l'admiration des savants les produits riches, nombreux et variés de ce beau voyage pendant la durée duquel, comme médecin, il n'eut à déplorer la perte d'aucun des hommes dont la santé avait été confiée à ses soins et, comme naturaliste, il répondit, ainsi que le disait le célèbre Cuvier, à tout ce qu'on pouvait attendre d'un voyageur actif et instruit.

Pour donner une idée de l'activité prodigieuse qu'il dût déployer pendant cette campagne, il suffira de rappeler qu'aux soins quotidiens qu'il donnait au service médical de l'équipage, venaient s'ajouter, dans les relâches, ceux qu'exigeaient la formation des collections, la rédaction de notes devant acompagner chaque objet et indiquer le lieu, le temps où il avait été recueilli, le nom qn'on lui donnait dans les idiomes des divers peuples, les usages qu'on en faisait. A ces renseignements toujours nécessaires, venaient souvent s'ajouter des figures dessinées et coloriées sur la nature vivante ou immédiatement après la mort et servant à fixer des caractères qui, en disparaissant rapidement, rendent méconnaissables les objets qui les ont perdus; pendant son séjour à bord, d'autres soins réclamaient ses instants, il fallait s'occuper du classement des objets recueillis, de leur conservation, de la pêche de ces myriades d'êtres animés qui vivent à la surface des flots et dont les formes et l'existence sont si fragiles que le crayon doit les saisir sur le champ pour qu'on puisse avoir une idée des mystères de leur organisation. Malgré tant de travaux, LESSON put encore se familiariser avec l'étude de la langue Anglaise et de la langue Espagnole et il parvint à pouvoir consulter, dans leurs ouvrages originaux, les auteurs qui ont écrit sur l'histoire naturelle dans ces deux langues.

Le rapport sur les résultats obtenus pour les sciences naturelles du voyage de la *Coquille* fut lu à l'Institut le 18 juillet 1825 par Cuvier. Cet illustre savant, en payant un juste tribut d'éloge aux naturalistes qui en avaient fait partie, demandait que le gouvernement leur accordât les moyens de publier leurs découvertes avec promptitude et d'une manière digne de la nation pour laquelle ils avaient travaillé.

Le ministre de la marine ne pouvait laisser sans récompense un officier de santé qui avait aussi bien complètement rempli la mission qu'on lui avait confiée : le 2 juillet, LESSON fut nommé pharmacien de 1re classe et le 3 novembre de la même année, le Roi Charles X lui accorda le titre de Chevalier de la Légion d'Honneur.

Retenu à Paris pour surveiller la zoologie du voyage de la *Coquille* dont l'impression venait d'être ordonnée, LESSON se trouva mêlé, dès-lors, au mouvement scientifique de cette capitale. En rapport journalier avec les hommes les plus élevés dans les sciences, riche des faits qu'il avait recueillis sur tous les points du globe où il avait abordé, il dût se livrer à un travail opiniâtre pour répondre à l'attente du monde savant. Sa collaboration vivement recherchée l'associa aux publications les plus importantes de cette époque; c'est ainsi qu'il prit part à la rédaction du grand dictionnaire de Levraut, à celle du dictionnaire classique publié par Bory-Saint-Vincent, au bulletin universel de Ferussac dont il dirigea la partie zoologique; aux suites à Buffon, de Roret, dans lesquelles il a fait l'histoire des acalèphes; en même temps il publiait, en 1827, un manuel estimé de Mammalogie, en 1828, un manuel d'Ornithologie. Dans cette même année, parut le premier volume de son grand ouvrage sur l'histoire naturelle générale et particulière des Mammifères et des oiseaux découverts depuis 1788, ouvrage faisant suite aux œuvres de Buffon et qui a obtenu, en 1839, les honneurs d'une seconde édition.

Ces différents travaux ne l'empêchaient pas de donner tous ses soins à la partie zoologique du voyage de la *Co-*

quille dont il fut en quelque sorte l'unique rédacteur et dont, à partir de 1828, les livraisons parurent sans interruption.

Cette époque brillante de la vie de notre collégue ne lui fit point oublier l'école dans laquelle il avait si heureusement débuté : le 9 mai 1829, il accepta avec reconnaissance la mission d'y venir professer la botanique. On l'accueillit comme un homme qui honore son pays; en s'asseyant dans la chaire occupée naguère par les professeurs Bobe-Moreau et Réjou dont il avait été le disciple, il sut se faire applaudir de leurs anciens auditeurs et j'ai encore présentes à la mémoire les expressions louangeuses dont se servit un de mes confrères pour me faire partager le plaisir qu'il avait causé.

Le 29 septembre 1829, le ministre, répondant au vœu exprimé par le conseil de santé qui ne fût en cela que l'interprête de l'école entière, nomma Lesson professeur titulaire de botanique à Rochefort. Cette faveur aurait augmenté son zèle si son amour pour le travail avait été susceptible de quelque accroissement, mais il ne fit que suivre son goût en ajoutant aux travaux multipliés qu'il poursuivait, les recherches nombreuses que nécessita l'enseignement qu'on venait de lui confier.

Chaque année, malgré les ouvrages en cours de publication qui reclamaient sa présence à Paris, Lesson venait à

Rochefort faire régulièrement son cours; dans ces courtes apparitions au milieu de nous, il ne négligeait pas d'assister aux réunions de la Société qui, la première, l'avait honoré de ses suffrages et vos procès-verbaux ont conservé le souvenir des intéressantes communications qu'il vous fit.

La révolution de 1830, en jetant une grande perturbation dans le commerce de la librairie, arrêta la publication de plusieurs des ouvrages auxquels LESSON coopérait et porta ainsi un grave préjudice à ses intérêts matériels. Un peu désillusionné du séjour de Paris, au milieu des agitations politiques dont cette ville était alors le théâtre, il aspirait au calme de la province, où il croyait d'ailleurs trouver des influences climatériques plus favorables à la santé de sa compagne, atteinte de consomption pulmonaire. Le 9 mars 1832, il reçut, en même temps que sa nomination au grade de second pharmacien en chef, l'ordre de se rendre à Rochefort pour y prendre la direction du service pharmaceutique et professer la chimie. Les progrès que le choléra ne cessait de faire dans les départements, lui firent un devoir d'obéir promptement aux ordres du ministre; il vint partager avec ses collègues les fatigues et les dangers de cette première lutte contre le fléau asiatique.

Quoique assujéti aux devoirs multipliés que lui imposait sa nouvelle position, LESSON continua ses travaux en histoire naturelle. Successivement, il publia, en 1830, l'histoire naturelle des colibris et une centurie Zoologique; en 1831, des illustrations de Zoologie; en 1832, l'histoire des trochilidés; en 1835, celle des oiseaux de Paradis et des Epimaques, ouvrages splendides où, au mérite des descriptions, vint s'ajouter le luxe des dessins et de la typographie; presque en même temps, il livrait à l'impression d'autres ouvrages plus en rapport avec les matières appartenant à l'enseignement qui lui était confié: ainsi, en 1833, un manuel d'histoire naturelle médicale et de pharmacographie, en 1836, la flore Rochefortine, dont il avait jeté les bases lorsqu'il était attaché au jardin botanique.

Un an après son retour à Rochefort, LESSON reçut de l'Institut de France le titre le plus glorieux qu'il put ambitionner. L'Académie des Sciences ayant eu à nommer un membre correspondant dans la section d'anatomie et de zoologie, par suite de la mort du célèbre Huber de Genève, le choisit parmi de nombreux concurrents qui étaient cependant les naturalistes les plus distingués de ce temps là. C'était Jacobson, de Copenhague, Rasck, de Christiana, Duvernoy, de Strasbourg, Bauër, de Dorpet, Carus, de Halle, Dugés, de Montpellier, Dellachiajà, de Naples. Cette haute distinction scientifique vint noblement s'ajouter à toutes celles que possédait déjà notre collégue. Un grand nombre de sociétés savantes nationales ou étrangères avaient tenu à honneur de le compter parmi leurs correspondants; ainsi, et successivement, il avait avait été appelé à faire partie de l'Académie royale de médecine de France, de la société archéologique de Saintes, de la société d'histoire naturelle de

Paris, de l'académie de la Rochelle, des sociétés de médecine et des sciences et arts de l'Eure, de la société linéenne de Normandie, de l'académie des sciences naturelles de l'île Maurice, de celle de Phliladelphie, de la société Zoologique de Londres, du cercle médical de Montpellier, de la société Cuvierienne, de la société pour la conservation des monuments historiques de France, de la société Orientale, de la société de médecine de Poitiers, de la société Royale des sciences de Liège et de l'académie Royale d'agriculture de Turin.

Lesson, fixé désormais dans sa ville natale, ne pouvait rester étranger à la discussion et à la défense de ses intérêts : aux élections municipales de 1837, ses concitoyens l'appelèrent à faire partie du conseil de la commune. Il apporta, dans cette assemblée, cette prodigieuse facilité pour le travail qui lui était naturelle; appelé à faire partie de toutes les commissions, où devaient se résoudre des questions importantes, il fut souvent choisi par elles pour exposer au conseil les résolutions qu'elles avaient prises, toujours il justifia par la lucidité et la précision de ses rapports la confiance que ses collègues avaient en lui.

Un jour, il crut devoir accepter des fonctions dans l'administration municipale, fonctions qui lui valurent l'honneur de diriger, pendant près d'un an, les affaires de la cité. Il supposait qu'un dévoûment sans bornes aux intérêts communs, qu'une abnégation complète de lui même pouvaient suffire à lui concilier les sympathies de ses administrés; il oubliait que, dans le temps où nous vivons, il faut peu compter sur la reconnaissance publique, que les services de la veille sont parfois oubliés le lendemain, que l'ingratitude, l'indifférence et le dédain deviennent trop souvent le partage de ceux qui consacrent leurs veilles à leur pays! Renommé aux élections de 1843, il ne le fut pas à celles de 1848, où le suffrage universel prononçait pour la première fois. Cette injustice le blessa vivement, lui, fils de ses œuvres, qui devait ce qu'il était à son travail, qui avait toujours mis au premier rang de ses devoirs de concourir à l'amélioration du sort des classes pauvres, à l'accroissement de leurs moyens d'instruction, qui saisissait toutes les occasions d'honorer et d'encourager le travail, qui appelait à concourir à ses œuvres tous ceux qui, dans notre ville, avaient quelque aptitude pour les arts, ne reculant devant aucun sacrifice afin qu'ils pussent marcher dans la voie du progrès et arriver à la célébrité. Permettez-moi de vous rapporter à ce sujet un fait qui honore la mémoire de LESSON. Sa passion pour les livres l'a conduit à former une bibliothèque choisie, seule richesse qu'il ait laissée; c'est un ouvrier de Rochefort qui a revêtu les volumes qui y sont déposés, des élégantes reliures qui les couvrent. « Ayez de la persévérance, » lui disait LESSON à son début, en lui montrant les merveilles de ce genre sorties des ateliers de Paris, « et vous arriverez à les égaler. Quant aux sacrifices que pourront exiger vos premiers essais, soyez sans inquiétude, je vous rétribuerai comme si vos ébauches égalaient leurs modèles. » Grâce à la généreuse persévérance du protecteur et aux efforts soutenus de l'artiste, cette prédiction s'est réalisée et le simple ouvrier d'autrefois est aujourd'hui un maître habile.

Rendu à ses travaux habituels, LESSON s'y dévoua entièrement, mais en apportant à ses obligations de service et d'enseignement l'exactitude que commande le devoir, il conservait pour les sciences naturelles seules l'ardeur passionnée qui l'avait toujours animé. Dans les dix dernières années de sa vie, il publia plusieurs ouvrages importants et qui ajoutèrent encore à sa réputation : en 1837, la prodrome d'une monographie des méduses; en 1838, l'histoire naturelle de l'expédition autour du monde de la frégate *la Thétis*, sous le commandement du capitaine Bougainville : la publication de ce voyage avait été interrompue par la mort du chirurgien major, LESSON fut chargé par le gouvernement de la terminer; en 1840, un species des mammifères bimanes et quadrumanes; et le catalogue d'une faune du département de la Charente-Inférieure; en 1842, un traité des mœurs, instincts et singularités de la vie des animaux mammifères, plein de détails intéressants et un nouveau tableau du règne animal; en 1843, l'histoire naturelle des zoophytes acalèphes, formant un volume des suites à Buffon, publiées par le libraire Roret; en 1844, un voyage aux îles *Mangareva*, rédigé sur des notes recueillies en 1846 par son frère, alors chirurgien major du brick le *Pylade*;

en 1848, une histoire de la soie, envisagée sous tous ses rapports, depuis sa découverte jusqu'à nos jours. Les articles généraux publiés, sur cette substance, étaient pour la plupart incomplets; le mémoire de Lesson, rédigé pour répondre à la question mise au concours en 1844 par l'Académie de Lyon, eut pour but de combler cette lacune et de disputer le prix proposé par cette compagnie; enfin en 1847, une description de mammifères et d'oiseaux récemment découverts, précédée d'un tableau sur les races humaines, dans lequel il reproduisit en partie le mémoire qu'il avait inséré en 1825, dans son voyage médical.

Nous passons sous silence un grand nombre de mémoires sur des sujets variés et une foule d'articles de journaux qu'il publia dans le même temps.

Comme écrivain, notre collègue était doué d'une facilité rare; son style qui, sous le rapport de la pureté et de la concision, laissait quelquefois à désirer, s'élevait souvent à la hauteur de la plus noble poésie, il excellait particulièrement dans le genre descriptif, plus en rapport avec ses travaux ordinaires, et c'est un titre de gloire pour lui que de s'être fait remarquer là où Buffon et Bernardin de Saint-Pierre ont excellé.

Son heureuse mémoire qui s'était enrichie du fruit de nombreuses lectures lui avait acquis des connaissances encyclopédiques auxquelles nous rendions tous hommage. Consulté à chaque instant sur les sujets les plus variés, il n'hésitait jamais dans ses réponses et, il faut le reconnaître, il fut rarement surpris en flagrant délit d'ignorance ou d'inexactitude.

Pourquoi faut-il que cette vie si laborieusement parcourue ait été traversée par de cruels malheurs de famille? Marié, en 1828, à une demoiselle qu'il aimait avec passion, il eût la douleur de la perdre l'année suivante, au moment où elle venait de le rendre père d'une fille; un second mariage, contracté à Paris en 1827, qui l'allia à une famille distinguée dans les sciences et dans la magistrature, ne fut pas plus heureux : il assista à la lente destruction de sa nouvelle compagne qui succomba peu d'années après, lui laissant une seconde fille sur laquelle il concentra toutes ses affections et tous ses rêves d'avenir, mais l'impitoyable mort la lui ravit encore! Avec cette enfant s'évanouirent ses dernières illusions, « *C'était,* » nous disait-il, « *une organisation d'élite, un de ces caractères, privilégiés par les dons les plus rares de l'âme, qui viennent dans la vie, comme les fleurs, pour prodiguer à ceux qui les entourent leur parfum de joie et de bonheur et dont la perte est un malheur après lequel rien n'émeut plus.* » Enfin en 1845, il perdit sa première fille, mariée depuis quelques années à un médecin distingué de la marine.

Accablé sous le poids de tant de douleurs, il fut peu sensible aux faveurs qui plus tard vinrent le trouver : le grade de premier Pharmacien en chef en 1835, la croix d'Officier de la Légion d'Honneur, en 1847, furent reçus par lui, sinon avec indifférence du moins avec froideur. Absorbé par de tristes pensées, il se reportait involontairement vers le temps où, jeune et plein d'avenir, il voyait tous les cœurs l'accueillir, toutes les bouches le flatter; souvent il projetait de se retirer du service et de retourner vivre au milieu du tourbillon de la capitale où il s'était énivré d'espérance et de gloire, oubliant qu'il n'est pas donné à l'homme de remonter le courant rapide qui l'entraîne vers le terme de toutes choses.

Alors il chercha dans l'archéologie des émotions plus en rapport avec l'état de son cœur. L'étude des vieux monuments dispose à la mélancolie ; en les contemplant, on remonte aux temps où ils furent édifiés, on s'isole ainsi du présent et, pour un cœur souffrant, quoi de plus doux que la solitude, quoi de plus salutaire que la rêverie? C'est dans cette disposition d'esprit qu'il publia, en 1840, des lettres historiques et archéologiques sur la Saintonge et l'Aunis; en 1842, les fastes historiques et archéologiques du département de la Charente-Inférieure; en 1845, un ouvrage intitulé : *Histoire archéologique et légende des Marches de la Saintonge;* enfin en 1847, *l'Ere celtique de la Saintonge* et *le musée Anaïs* ou choix de vues des monuments historiques de la Saintonge, qu'il consacra à la mémoire de sa fille bien aimée, de l'être qu'il avait le plus chéri au monde et pour lequel il disait n'avoir pas eu assez de larmes à verser. Cet ensemble de publications forme une sorte de statistique des monuments de notre province qui présente beaucoup d'intérêt et qui devait lui servir de point de départ pour un travail d'ensemble qu'il projetait sur l'histoire de la Saintonge et de l'Aunis

Doué d'une constitution naturellement robuste, LESSON, malgré ses malheurs, avait supporté l'existence, mais les chagrins dont il était la proie en minaient insensiblement les ressorts. Atteint depuis longtemps d'une affection des voies urinaires, il fut pris plus tard d'une psoriasis qu'il combattit infructueusement par les médications les plus énergiques. Vous avez assisté à la destruction lente de cette organisation supérieure; malgré les souffrances qu'il endurait, l'étude avait toujours beaucoup d'attraits pour notre savant collégue, il trouvait dans le culte qu'il lui rendait un adoucissement à ses maux, et peu de temps avant sa mort, il méditait encore de grandes publications qu'il ne put malheureusement pas réaliser.

Plusieurs fois vous avez appelé LESSON à l'honneur de diriger vos travaux. Donnant alors l'exemple de l'exactitude, il animait vos séances par des communications nombreuses et variées; plus tard il vint moins souvent, mais il ne négligea jamais de vous communiquer les travaux de quelque importance qu'il avait terminés, c'est ainsi que vous entendites, avec un vif intérêt, la lecture de la notice sur l'amiral Dumont-Durville dont il avait été le compagnon de voyage, qu'il adressa au concours, ouvert, en 1845, par l'académie de Caen, sur l'éloge de ce hardi navigateur, œuvre capitale que le savant rapporteur du concours jugea digne d'être remarquée, entre toutes, mais qui ne fut pas couronnée parce que la franchise de l'auteur ne lui avait pas permis de taire les défauts du héros, défauts qui, selon lui, donnaient plus de relief à ses brillantes qualités, et qu'il vous adressa différents mémoires sur des matières technologiques relatives à la marine, entre autres, sur les moyens de découvrir la fraude dans le tissage des toiles à voiles, dans la fabrication des farines, etc.

Mais les forces de LESSON s'épuisaient graduellement. Obligé d'interrompre son enseignement et son service au commencement de l'hiver dernier, il fut contraint plus tard de rester presque constamment chez lui; son goût pour la lecture apportait encore quelque distraction à des souffrances, qui bientôt ne lui laissèrent plus que de rares instants de calme.

Le mercredi 25 avril était un de vos jours de réunion; il voulut s'occuper d'un rapport sur un mémoire de M. Mauduyt, concernant l'ornithologie du département de la Vienne, que vous aviez renvoyé à son examen, mais la maladie dompta son courage; une fièvre violente s'étant allumée, il me chargea de l'excuser près de vous, promettant de reprendre ce travail aussitôt qu'il serait mieux. Hélas l'avenir était désormais fermé pour lui et le samedi 28 avril, à cinq heures du soir, il expira, dans mes bras, presque sans agonie, à l'âge de 55 ans et un mois !

Sa perte a été profondément sentie par tous les corps de la marine dont il a été une des célébrités, par la population de Rochefort, dont il fut un des enfants distingués, par vous, Messieurs, qui mieux que personne aviez su apprécier son mérite et ses précieuses qualités. Les pleurs, versées autour de son cercueil, ont témoigné de la douleur qu'éprouvaient toutes les classes de la population qui suivirent sa dépouille mortelle jusqu'au champ du repos.

Le nom de LESSON, dignement porté par son frère, chirurgien en chef des possessions françaises dans l'Océanie, est consacré dans la science. Des navigateurs, des géographes, des naturalistes, l'ont imposé à plusieurs îles de la Papuasie, à un promontoire de la Nouvelle-Irlande et à un grand nombre de genre et d'espèces de plantes ou d'animaux, voulant ainsi perpétuer le souvenir et honorer les travaux de celui dont la mort sera, pour notre société, un long sujet de deuil et de regrets.

Rochefort, imp de LOUSTAU

www.ingramcontent.com/pod-product-compliance
Lightning Source LLC
LaVergne TN
LVHW010252230826
846091LV00007B/2932
9782012393325